ZÓNÀ KII

The Book of Jonah
Translated in the Mann Language

ZÓNÀ KII

The Book of Jonah
Translated in the Mann Language

Translated by
Othello K. Weh

Village Tales Publishing

MINNEAPOLIS, MN

Published By:

Village Tales Publishing
Minneapolis, MN 55429
www.villagetalescreatives.com
www.villagetalespublishing.com

Layout and Cover Design by: OASS

A catalog record for this book is available from the Library of Congress:
Library of Congress Control Number: 2022917211
ISBN-13: 9781945408946

Printed in the United States of America

Dedication

To God Be the Glory!

This book is dedicated to the memory of missionary Mrs. Lila Kou Ven Gardner.

Kou Ven, as she was called by her friends, the Mann women, was one of the Mid-Liberia Baptist missionaries stationed in Yila, Bong County, Liberia, West Africa.

According to Uncle Albert Goyo, Kou came to Liberia in 1946 and learned the Mann Language in the late 1950s when one of her students, David Zarwolo from Flompa, taught her to read and write the language. She was an awesome teacher.

Later she taught the New Testament translated in the Mann (Wè Dɔ Wè Dɛɛ) for many years until the Liberian Civil War caused her to depart Liberia for her home, Towanda, Pennsylvania, USA.

Before Kou went to be with the Lord, she sent her Mann books and a photo album by Mrs. Marilyn Vanden Akker to me in Monrovia in 1994.

If she could speak, read, write and teach the Mann Language, what about us? Indeed Mrs. Gardner was a great teacher. She inspired me!

May her soul rest in peace.

Acknowledgments

First, thanks be to God Almighty, who enabled the translator to do so with ease. Thanks also to Uncle Albert Goyo, who assisted in translating some critical English words into the Mann. Also, under very major electricity constraints in Monrovia, Pastor Lawrence Zlorzlor was able to edit this work. His patience, tolerance, and commitment must be appreciated.

Madam Ophelia Lewis is one of the few persons who demonstrate their interest in seeing Liberian works being published. The translator is grateful to her for her encouragement and for publishing this work.

And, of course, my wife, Susannah, well-versed in both the Mann and the Dan, was a significant advantage in the translation. Thanks to her dearly.

How to Read the Mann Language

The Mann scripts were developed by the United Liberia Inland Missionaries as part of their efforts to help people read the Bible in their own language.

The scripts include **a, b, 6, ɔ, d, e, ɛ, f, g, h, I, k, l, m, n , o, p, s, t, u, v, w, y,** and **z**. Some letters of the English alphabet such as **c, j, q, r**, and **x** are not included. The letter **s** represents **c** and **s** itself. The hard **c** is represented by **k** and the soft **c** is represented by **s**. Examples are:

Canaan	Kénà
Christ	Kélèì
Christian	Kélésɔ̀
church	sɔ́ì

The letter **r** is represented by **w** and **l** because the Mann people do not pronounce r properly. Examples are:

Ruth	Wúlù
Rebecca	Wèlèbékɔ̀
Mary	Melé
Herod	Hélɔ̀

The letters **j** and **x** are represented by **z**. Examples are:

Jesus	Zízè
Jacob	Zékɔ̀
Artaxerxes	Atàzézè

The **ɓ** is pronounced as "bay," and it is voiceless, and the **b** sound is voiced. This means that **b** has a heavy sound from the vocal cord vibration. The **ɓ** has a faint sound. Examples are:

bèlè	trousers
ɓèlè	a rope
bálá	mud
ɓálá	to step on
bí	darkness
ɓí	to shine

The vowels of the Mann scripts are pronounced like the short vowels in English. For example, the /**a**/ is pronounced as the /**a**/ in hat, bat, car, part, far, and so on. Examples are:

là	his/hers /its
ɓà	yours
ká	a house

The /e/ sound is pronounced as /a/ as in day, way, pay, date, and so on. Examples are:

Dèɓé	David
pele	to fall
yele	to tie

The vowel /i/ sound is pronounced as the long vowel /e/ as in eat, issue, illustrate, or ignore. Examples are:

yílí	a tree
yíí	water
mi	a human being
Ízè	Egypt
Ísɔ́ɔ	Easu

The /ɛ/ sound is pronounced as a short vowel sound as in egg, wet, and let. Examples are:

Ɛsɔ̀	Esther
Pílɛ̀	Peter
dɛɛ	new
Lɛ sɛ̀	it is good; it is fine

The /ɔ/ is pronounced as the short vowel sound in or, log, dog, or other. Examples are:

kɔ̀	a hand
ɓɔ̀	a hog/pig
Ísɔ́ɔ	Easu
Pɔ́ɔ̀	Paul
Sɔ́ɔ̀	Saul

Finally, the intonation in the Mann is critical because the way one's voice rises up or comes down sometimes causes changes in meaning. The stress sign slanting up over a vowel indicates that the voice should go up, and the one sloping down means that the voice should go down. See the examples below:

bálá	mud
bàlà	to run
gálá	a mat
gàlà	a fence
gélé	to burn
gèlè	a fight
lúó	a day
lùò	an orphan

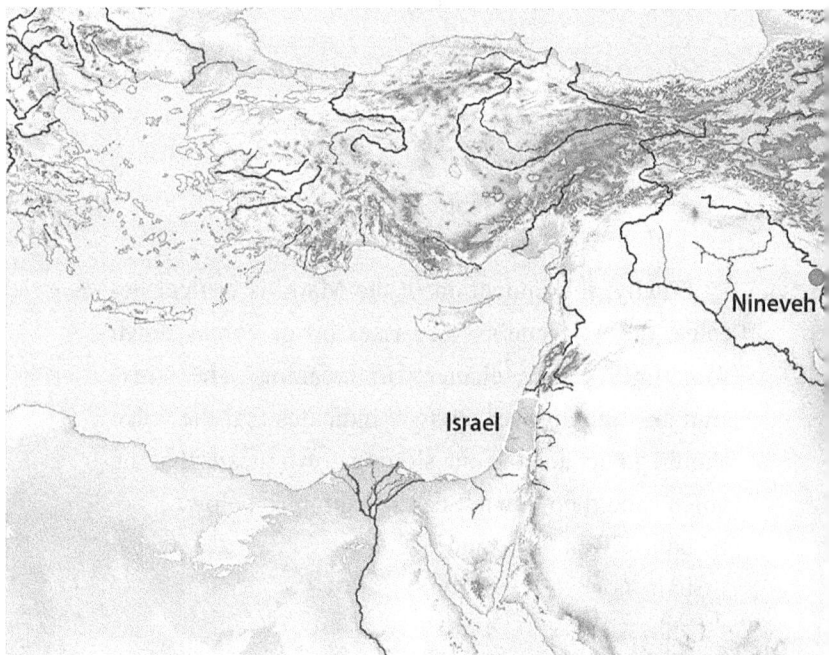

Nineveh

Israel

ZÓNÀ KII

NÍNÉVÈ sélé e kɛ mɔ́ sélé yie nyɔ́ɔɔ́ ká. Kɛɛ à yí mìà sɔ̀ũ e kɛ yɔɔ-nyɔɔ́ɔ̀. O kɛ kɛ-pè yɔɔ kɛ mìà ká. Kii zii búnuzè láa gèe kélè o kɛ Nínévè sèlè sí pìà Kàã Bo

Sèlè; 6ii à lè mɔ̀ mìà o kɛ ló pìà sélé gbɛègbɛɛ yí wáà kàã 6ò, wáà nù à ká Nínévè. Ɛ́ɛ́ zéni yé wáà ló mɔ́ gèlè píé wáà mi kũ gèlè píéa, é kɛ bɛ̃̀ɛ̃ le káa, óò kpáã́-6o, tó wa tó 6éèe wa kii6o. O kɛ sɔ̀ũyɔɔ kɛ pìà nyɔ́ɔ̀ɔ.

Jonah was a prophet of God who preached to Jews living in Israel. He told them that God wanted them to stop worshipping false idols and obey Him.

Wɔ́ e Zónà Kii Wũ Káa

Zónà Kii 6ɛ, wɔ́ búnùzɛ̀ lɛ à yí kɛɛ kɔ́á médã. À bèĩzɛ̀ lɛ́ e kélɛ̀ mi lɛ̀ɛ́ e bìì Wálà mɔ̀, 6ii Wálà lɛ lɛ̀ séĩ mɔ̀, lɛ́ɛ pɛ séĩ gɛ, lɛ́ɛ wɔ́ séĩ yídɔ. Bìì lɛ̀ɛ́ 6o à mɔ̀. Lɛ sɛ̀ kɛɛ kɔ́á kɔa tóó dɔ Wálà léwè mɔ̀, kɔ́á wè kɛ.

À yé e tóá píéa lɛ́ e kélɛ̀ Wálà láa lɔ̀kɛ̀ mia 6eèe ká, lɛ́ɛ mia yéĩ-ye, ɛ́ɛ́ làá naa kɛɛ mia wɔ̃̀ yí é sìè; láà nàà kɛɛ mia 6eèe óo zò nìè, ó gó sɔ̀ũ yɔɔ mɔ̀, ó la6o sɔ̀lɔ̀6o.

Wɔ́ɔ à yàaka e tóá píéa lɛ́ e kélɛ̀, Wálà lɛ́ e Wálà káa. À yelé e pɛ séĩ-séĩ kɛɛ; à kɔ̀ diè lɛ wɔ́ séĩ là. E à kɛ fằằ gágà e dà mèía là e 6úó méèa káa, e 6úó méèa wíì. E à kɛ zéni kpằằ gbákò e Zónà mání e ló à ká lɛ̀ lɛ́ lɛ̀ɛ́ gbaa kɛ à naa pìà é ló yia mɔ̀.

À yé zéni e tóá píéa lɛ́ e kélɛ̀ Wálà lɛ gbɛɛ lɛ́ mia 6eèe bɛ̀ɛ̃ o gbɛɛ. Lɛ̀ Wálà e kɛ à naa pìà é Nínévɛ̀ mìà laa, Zónà bɛ̀ɛ̃ e kɛ à naa pìà kɛɛ Wálà é o yísìè. Wálà laà nàà kɛɛ mia séĩ ó kắ o sɔ̀ũ yɔɔ mɔ̀ ó la6o sɔ̀lɔ̀6o. É kɛ bɛ̀ɛ̃ nɔ̀ɔ́6é ká, ɛ́ɛ́ é kɛ bɛ̀ɛ̃ mia dìè-dìè vɔ̀ káa, Wálà láa nàà kɔ́á wè kɛ. Yé mia líésí-mì aà kɛ gíkắ mì káa, láa kè wɔ́ yí e kɛ lɔ́ɔ́lɔ̀ɔ̀); lɛ́ e kélɛ̀ wɔ́ lɛ́ Nínévɛ̀ kĩ́ĩ a kɛɛ e kɛ sɛ̀ nyɔ́ɔ̀ɔ. Lɛ̀ mia séĩ o gbó6o Wálà mɔ̀, Wálà bɛ̀ɛ̃ à zò e yà; wɔ́ e kɛ à naa pìà é à kɛɛ, e gó à mɔ̀.

Kíí a kéa, Wálà e wɛ̃́ílɔ̀ɔ kɛ à léĩ tópìà. Wɛ̃́ílɔ̀ɔ e kílía lɛ mia séĩ wà wɛ̃́ílɔ̀ɔ ka. Kɔ̀à kɔa yélé táá à yí.

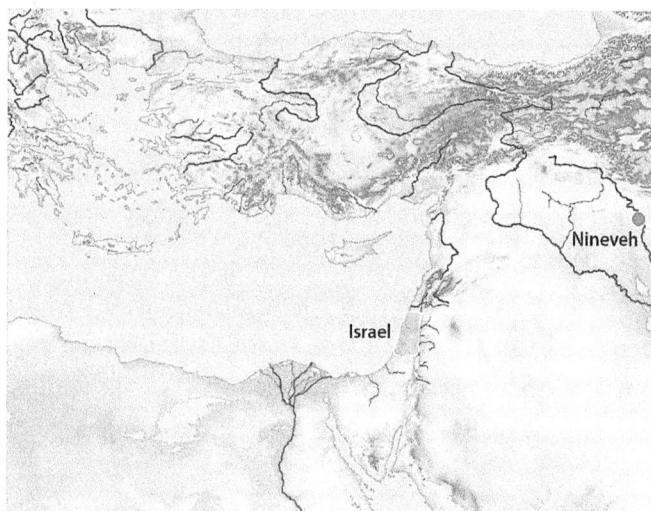

God told Jonah he wanted him to go on a long journey to the city of Nineveh.

1 Yé e kɛ kílía, ko Dàa-mì ee wè vɔ Ámítà gbe Zónà píé a gèe kéeé,

2 Wèlè í ló Nínévɛ̀, sélé kpànazɛɛ yí, í gbóóɓo à mɔ̀; ɓii o sɔ̀ũyɔɔ áà nu áà ɓɔ m mɔ̀.

3 Kɛɛ Zónà e wèlè e sílúú, ee wũ dɔ Tásì kɛɛ é gó ko Dàa-mì wɛlɛ mɔ̀, ee wũ dɔ Zɔ́pà; e mée gɛ̀ áà lò Tásì. E pɛlèe gó míá o kɛ méea yí mià káa lèɛ kɛɛ wà à yenì ó ló Tásì, kɛɛ é gó ko Dàa-mì wɛlɛ mɔ̀.

4 Kɛɛ ko Dàa-mì e fɛ̃ɛ̃ mé gágàzɛ̀ vɔ mèía là; e kɛ fɛ̃ɛ̃ yí gágàzɛ̀ ká, áà mèía zɔ̃kɛ̀,

áà ɓùò méea káà.

5 Yé e kɛ kílía, túó e nu míá o kɛ méea táá pìàa là, tó mia sɛ̃́ wáà gbóóɓò wà wálà gbɛɛ̀gbɛɛ mɔ̀, wáà pɔɔ̀ nì lé e kɛ méea yía wáà dùò yíbà kɛɛ méea é kɛ léí-

lèì. Kɛɛ Zónà áà ló méea lè gbɛɛ mɔ̀, áà wɔɔ tɛ̃ɛ̃ aáa yizɛ̀.

6 Yelé méea mì gbùò e nu à píé e à gèe à lèɛ, "Wɔ́ ɓà kɛɛ à yí zàá lé mɛɛ ká, Ó yizɛ mì? Wèlè í ɓà Wálà sùo kɛ, yé kèá Wálà léɛ lo e yélé táaà ko wɛ́ía, yé kè ko yí é sìè."

7 Yelé wa gèe o kíe nì lèɛ, "Kà nu kɛɛ ká gɔ̃ pè gɔ̃, kɛɛ mí kɔ̀à mɔ́ɔ̀ wàa ɓèlè à sɔ̀ũyɔɔ wɛ́ía, kɛɛ kɔ́á yí dɔ." Yé e kɛ kílía, o gɔ̃ pè gɔ̃ lé e Zónà kũa.

8 Yelé wa gèe à lèɛ, "Ɓà kpélɛsɛ̀, wɛ̃nɛ̃ gèe ko lèɛ. Dèĩ là sɔ̀ũyɔɔ lé kò mɔ́ɔ̀ wàa ɓèlè ɓɛ? Mɛɛ yèɓo lé ɓà kè? Íi go mé? I pà tɔ́ lé dei? Mɛɛ mi lé i ká?"

9 Yelé e à gèe o lèɛ, Hííɓúlù mi lɛ m ká; ḿm̀ tùò ko Dàa-mì lèɛ, Wálà lé e lèi, lé e mèí nì, lè kpánà nì kɛɛ lèɛ.

10 Lè e kɛ gbaa kílía, gbĩ́ní-gbĩ́ní e yɔ́ɔ gbaa mía là, túó kpókpó áà o kè, wáà gèe à lèɛ, "Mé e kɛ lé ì wɔ̃́ kɛ ké?" Ɓɔwáká gɔ̃ɑ̃ wáà yídɔ gbaa kélè e sílúú ko Dàa-mì wɛlɛ mɔ̀, ɓii áà wɔ̃́ yíɓo o lèɛ.

11 Yelé wa gèe à lèɛ, Mé kò lo à kèɛ i ká kɛɛ mèía é

tèá pέ è à kὲε mɔ̀? Mὲía yí lε gágà.

12 Yelέ e à gèe o lὲε, "Kà m sí lὲí ká m dùò mὲía bà, kεε mὲía yí é ga. Ḿm̀ yídɔ kélὲ m mɔ́ɔ̀ wɔ̀, mɔ́ɔ̀ wɔ́ gágà lέ è à kὲ ka káa."

13 Á gèe bὲ̃ὲ̃ kílía, gɔ̃ã̀ã̀ o dɔ gágà kεε ó nu méea ká kpóúlà, kεε zi lὲέ gbaa kε ɓe, ɓɔ̀wáká mὲía yí e kε gágà, e kε gèlè gɔ̃ pìà o píé.

14 Yé e kε kílía, o gbóóɓo gbaa ko Dàa-mì mɔ̀, wáà gèè kélὲ, "Kóò sὲ̃nὲ̃ɓo i lὲε Ó ko Dàa-mì, yékὲ ko yí é sìè, gɔ́ e kéa à kὲɓe wὲí; yékὲ à léà wɔ̃

é tó ko mɔ̀; Ó ko Dàa-mì, wɔ́ è i zò dàa, ɓaà kε."

15 Yé e kε kílía, o Zónà sí lὲí wa dùò mὲía bà; yelέ mὲía e tèá zɔ̃kε pìà gbaa gágàa.

16 Lè e kε kílía, gɔ̃ã̀ã̀, o túó gbaa ko Dàa-mì Wálà lὲε kpã̀nakpã̀nazὲ, lέ o sálàɓo ko Dàa-mì mɔ̀, lέ oo wè ɓèlè à lὲε.

17 Lè e kε kílía kεε ko Dàa-mì aà kpã̀ã́ gbákò bèi kεε é Zónà mání. Zónà e kε kpã̀ã́ã́ gé lè kpèi yààka wà bĩ́mìà yààka píé.

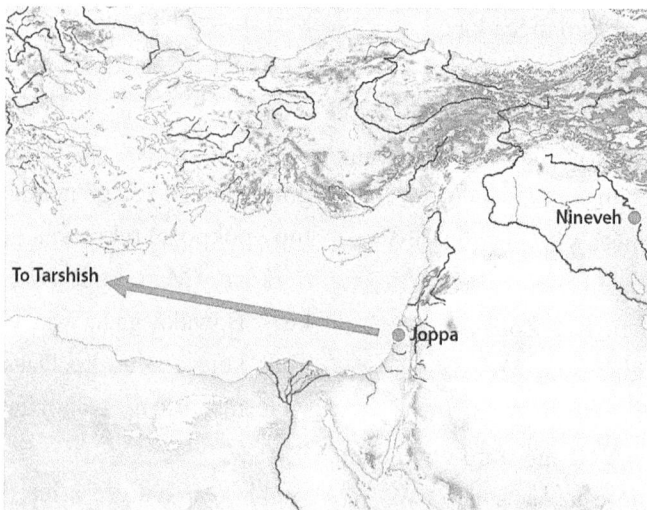

To Tarshish
Nineveh
Joppa

Nineveh was the capital city of the Assyrian Empire and it's people were very wicked. They were a powerful nation and enemies of the Jewish nation. Jonah did not want God to forgive these people. He wanted God to destroy them.

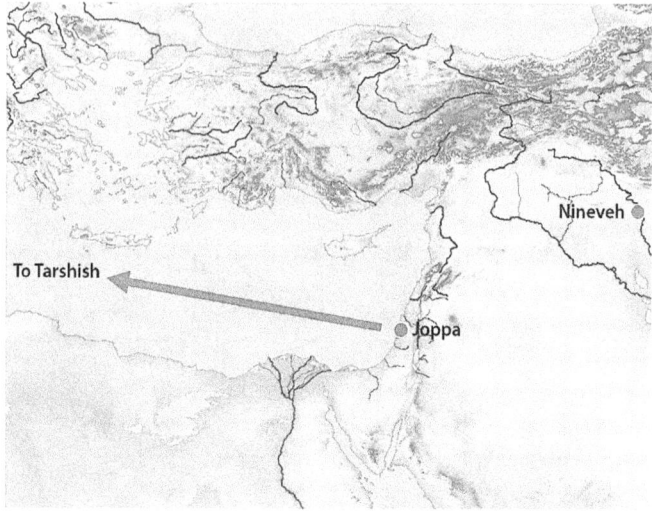

Instead of going to Nineveh, Jonah headed for the port of Joppa and got on a boat.

2 Yelɛ́ Zónà e sɛ̀nɛɓo ko Dàa-mì Wálà lɛɛ kpǎɑ̃́ gé;

2 Áà gèè, M gbóóɓo ko Dàa-mì mɔ̀ m sɔ̃́ũa wɛ́ì, yelɛ́ e m wée ma; m gbóóɓo kpǎɑ̃́ gé tíépà, lɛ́ ì m wè maa.

3 ’Baà m dùò lè gbèkèni mɔ̀, mèía zòí, yíí kpàlaa e die m là, fǎ̀ǎ́ mé gágàzɛ̀ e die m là.

4 Yelɛ́ ma gèè, ɓáa m dùò lúú kɛɛ ɱ́ gó i wɛlɛ mɔ̀; kɛɛ ɱ̀ɱ̀ lo tiǎ̀ lè gɛ̀ɛ̀̃ i píé Wálà kèì.

5 Yííà áà die m là, é kɛ bɛ̀ɛ̃̀ m zùù káa, áà die à là. M dàaà lɛ à wì, sùu kpɛ́nɛ̃̀ lɛ m wũ kèlè ká.

6 M ló dúo tɔ̀ wì, kɛɛ ɓaà nu m ká lèí kpóű̃là tòákìli ká; ɓaà m̀ kèɓe ɓo pɛ vúùu ɓà, Óo ko Dàa-mì Wálà.

7 Lè m zùù e fùkɛlɛɛ, m zò e vùò ko Dàa-mì ká, yelɛ́ m sɛ̀nɛɓo wè e nu à píé, Wálà kéí púlúa mɔɔ.

8 Míá ò nè fèle kèɛ, o zò lɛ́ɛ ni, o dìètí o yéí-ye wɔ̀ ká.

God was displeased with Jonah and sent a terrible storm. The sailors threw all the cargo overboard to keep it from sinking.

Jonah confessed to the sailors, and told them the storm was his fault. They should throw him into the sea and it will calm down.

They took Jonah and threw him over the side of the boat into the deep sea.

9 Kɛɛ m̀m̀ lo sáálàɓoò i mɔ̀ i zúoɓo wè ká; pɛ nɔ́ séí lé maà m wèɓèlè à káa, m̀m̀ lo à nɔɔ̀. Ko Dàa-mì lɛ laɓo ká.

10 Ye lé ko Dàa-mì e wɔ́ gèe kpàáã lɛ̀ɛ, ye lé e sólí Zónà ká táã-kpánà fèle mɔ̀.

3 Ye lé ko Dàa-mì weée e nu zéni Zónà píé kéeé,

2 Wèlè kɛɛ í ló Nínévè, sélé kpànazɛ̀ɛ yí, kɛɛ í m léwè gèe yí, lè zí lé m i pááɓo à káa lé ɓe.

3 Yé e kɛ kílía, Zónà e wèlè e ló Nínévè lè zé lé ko Dàa-mì e à gèe à ká à lɛ̀ɛ lé ɓe. Kɛɛ Nínévè e kɛ sélé kpànazè ká, à lɛ mɔ̀ zì e kɛ gbèkè ni, lèkpèi yààka tàà ka.

4 Kɛɛ Zónà e táá lèkpèi doó píé, e gbɛ̀ áà Wálà léwè gèe. E gbɛ́ɛ́ gágà áà gèe kélè, Áà tó lèkpèi vừyìise ká kɛɛ Nínévè yí é sìè.

5 Yé e kɛ kílá, Nínévè mìà o Wálà wɔ̀ sí wánà, o ló o súũ-yí oo ɓè tó, o sɔ-tii wàà

Immediately the wind dropped and the sea became calm.
Jonah sunk under the water. But God was not finished
with His disobedient prophet. He had prepared a great
fish to swallow Jonah and keep him alive.

Deep in the belly of this huge fish Jonah cried out
to God for help. He told God how sorry he was for dis-
obeying Him.

Three days and nights later the fish vomited Jonah up onto dry land.

o mɔ̀, mia kpã̀nazè nì, mia yéĩ̀zè nì.

6 Lè o wɔ́ e kéa yíɓo Nínévè kĩ̀ĩ lɛɛ, e wèlè e yà pìà, e dɔ e gã̀ mɔ̀, e là gbààwíì ɓo e mɔ̀, e sɔ-tii wàà e mɔ̀, e yà yúéɓa.

7 E wɔ́ e kílía bɛ̀ɛ̃ tɔ́ũ ká, wà vɔ Nínévè sélé séĩ́ yí; e kɛ kĩ̀ĩa wà mìa kpã̀nazè wà tɔ́ũ wa bɛ̀ɛ̃ ká, kélè, Yé kè gɔ̃ dò nɔ́ fé, ɛ́ɛ́ wìì nɔ́ fé, ɛ́ɛ́ tòlòpè nɔ́ fé é léɓèlè dã̀. Yé kè ó pɛ ɓèlè, yé kè o yíí mi.

8 Kɛɛ gɔ̃ wà wìì nì ò sɔ-tii káá o là, ó gbóóɓo kpànakpànazè Wálà mɔ̀. Mia séĩ́-séĩ́ ò gó o sɔ̀ũyɔɔ mɔ̀, ò gó gèlègɔ̃ wɔ̀ lé e o zòyíà mɔ̀.

9 Dé à yídɔ, yé kèà Wálà léɛ lo nìè là zò nyɔ́ɔɔ lìkílìkía mɔ̀ yékè ko yí é sìè?

10 Yé e kɛ kílía, Wálà e yèɓo wa kɛɛ gɛ̀; ɓii o o ko gbɛ̀ o sɔ̀ũyɔɔ mɔ̀, ye lé wɔ́yɔɔ lé Wálà e à naa kɛɛ é à kɛ o káa, e gó à mɔ̀, yelé lɛ̀ɛ gbaa à kɛɛ.

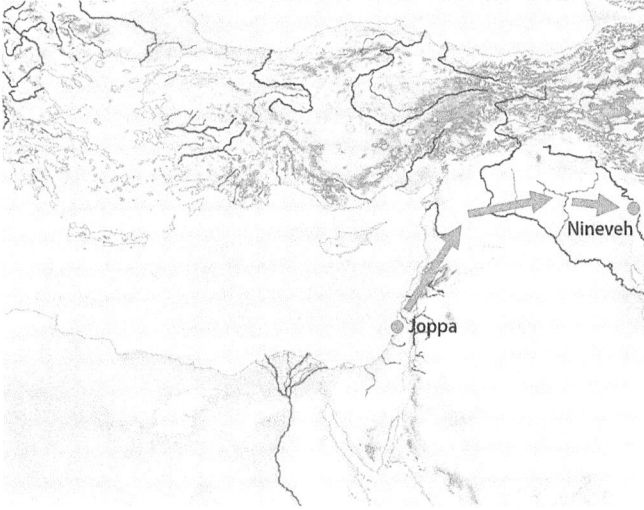

Once again God told Jonah to go to Nineveh and warn them that if they did not repent then God would destroy their city. This time Jonah obeyed.

In the city Jonah preached that in forty days God is going to destroy the city of Nineveh.

Rather than laugh at the prophet, the people of Nineveh listed and repented.

4 Kɛɛ wɔ̃́ e kéa e Zónà zò
dà zízàá kpȁna-kpȁnazɛ̀, e à
wàa nyɔ́ɔ̀ɔ kpòké-kpòké
le.

2 Yé e kɛ kília, e gbɛ̃̀ gbaa
áà sɛ̃̀nɛɓò ko Dàa-mì lɛ̀ɛ, áà
gèè, Ó m Dàa-mì, ḿ gɔ̃̀ wɔ̃́ m
kɛ à gèe pìàa lɛ̀ m kɛ m pàa
ye lɛ́ɛ? Wɔ̃́ e pá m mɔ̀ lɛ́ m sí
luú m kɛ ló pìà Tásìa ye lɛ́ɛ.
Ɓii ḿm̀ yídɔ kélɛ̀ i Wálà lɛ́
à zò-lɛ-sɛ̀, lɛ́ è mia yéĩ́yea, lɛ́
wɔ̃́ lɛ̀ɛ́ à
wàa tíèe-tíèe, ɛ̃́ɛ̃́ à sɔ̃̀ũ lɛ̀
sɛ̀ kpȁna-kpȁnazɛ̀ɛ ká; ɓàá
naa kɛɛ í wɔ̃́yɔɔ kɛ mi ká.

3 À mɔ́ɔ̀ wɔ̃̀ e kília, ɓà
kpélɛsɛ̀, m̀ kɛ̀ɓe sí m yí, ḿ
ga. Ɓii lɛ́ɛ̀ lo kɛ̀ɛ sɛ̀ kɛɛ ḿ ga
é die à ká m kɛ̀ ɓéèe là.

4 Yelɛ́ ko Dàa-mì e à gèe
à lɛ̀ɛ kélɛ̀, Lɛ sɛ̀ kɛɛ wɔ̃́ é i
wàa?

5 Yelɛ́ Zónà e wɛ̀lɛ̀ pɛ́lɛ́ɛ
yí e ló e là gbùlù dɔ lúúkù
lɔ́ṹ, yelɛ́ e yà à nìíi wì kɛɛ
wɔ̃́ è lo kɛ́ɛ pɛ́lɛ́ɛ káa kɛɛ
á gɛ̃̀.

Even the mighty King of Nineveh took off his fine robes, put on sackcloth and ashes and begged God to spare them. God showed mercy to the Assyrians when they repented. This made Jonah very angry as he wanted God to destroy these enemies of the Jewish people.

'I knew you would forgive them,' he complained to God. 'That is why I did not want to come here and preach to them.'

6 Yé e kɛ kílía, ko Dàa-mì Wálà e à kɛ yílí e ɓɔ kɛɛ à nìii é kɛ Zónà là, kɛɛ à zò nyɔ́ɔɔ é ló táầ. À mɔ́ɔ wɔ̀ e kílía, Zónà gé e li kpầna-kpầnazè yílía wɛ́i.

7 Kɛɛ Wálà e wɛ́né kɛ, lè làapié e kɛɛ, kɛɛ wɛ́néé áà yílía gấná ɓèlè, yílía e kpáa kũ.

8 Lè lè e kpèi lé nyéné e wèlɛɛ, Wálà e fầầ gágà kɛ e gó làaà, yelé nyénéɛ e gbɛ̀

Zónà tùluù lé à vènèɛ e ɓo à là, áà gèè kélè, lɛ sè kɛɛ ḿ ga, é die à ká m kèɓe là.

9 Ye lé Wálà e à gèè à lèɛ, Lɛ sè kɛɛ wɔ́ é i wàa yílía wɛ́í? Ye lé e à gèè, M̀m̀, wɔ́ lɛ́ɛ m wàa máà ɓùò gàa,

10 Yelé ko Dàa-mi a gèe à lèɛ, Yílí lé ií gbaa à taa, à

Jonah went out to a hill overlooking the city and build a shelter. He watched and waited to see if God would destroy the city. That night a vine grew up and it sheltered Jonah from the hot sun the next day.
But the next day God sent a worm to destroy the vine and it withered and died.

yéĩ léɛ i kè, ìí gbaa à kɛ kɛɛ é o kɔ̀-gbie dɔɔ; ɛ̃́ɛ̃́ tòlò pè gbáko
tòlò; e ɓɔ e dìè lèɛ bĩ́míà, lé e lɛ yía ká?
ga bĩ́míà.

11 Yé wá à mɔ̀ kɛɛ ḿ
Nínévè la? Sɛ́lɛ́ kpã̀nazè lɛ́
mia wáá vữdoó wélé pèèlɛ o
yí, yelé òó o kɔ̀-yie dɔ, ɛ̃́ɛ̃́ òó

*Jonah had no shelter from the hot east wind that blew
and got very angry and sulked. 'I wish I were dead,' he
bitterly complained to God. 'You feel sorry for yourself
when your shelter is destroyed, though you did not plant it
or care for it,' God replied. 'So why shouldn't I feel sorry
for a great city like Nineveh with its 120,000 people in
utter spiritual darkness.'*

Other Books
by Othello K. Weh

Available Everywhere Books Are Sold.

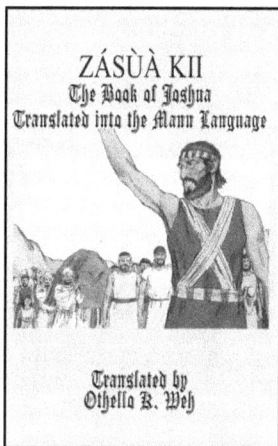

The Book of Joshua
Translated in Mann

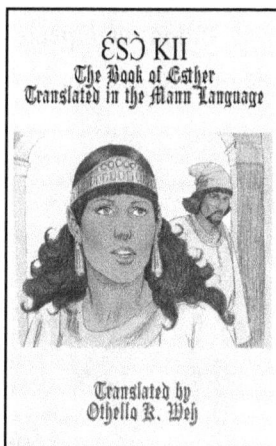

The Book of Esther
Translated in Mann

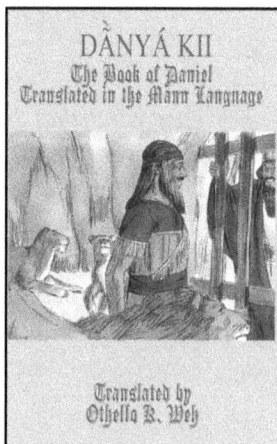

The Book of Daniel
Translated in Mann

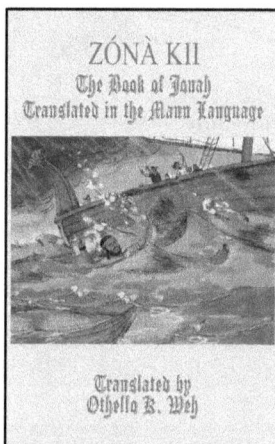

The Book of Jonah
Translated in Mann

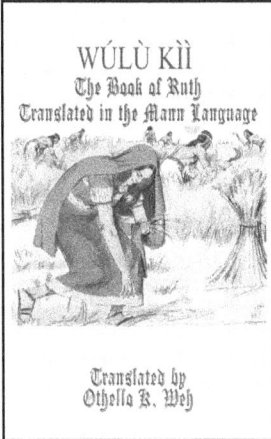

WÚLÙ KÌÌ
The Book of Ruth
Translated in the Mann Language

Translated by
Othello K. Weh

The Book of Ruth
Translated in Mann

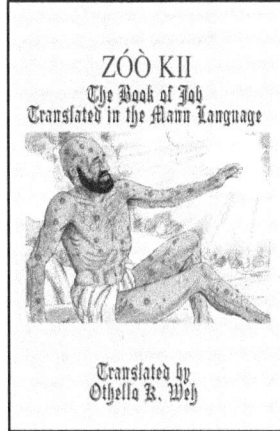

ZÓÒ KII
The Book of Job
Translated in the Mann Language

Translated by
Othello K. Weh

The Book of Job
Translated in Mann

You can get in touch with Othello K. Weh about buying any of his books, as well as get updated information on new releases:
Email: okoibiaweh@yahoo.com

TEACH YOURSELF THE MANN LANGUAGE is written in a Teach-Yourself format. It is highly interactive. One of the strong points of this book is brain-work: a reader studies a lesson and tests himself at their own pace. It is a book meant for even beginners, including basic grammatical rules and orthography identifiable with the Mann Language to make learning easier for users.

ISBN-13: 9781945408830
eISBN: 9781945408847
Format: Paperback & eBook
Size: 6 x 9
Pages: 458

Available Everywhere Books Are Sold.

Othello Koibia Weh, was born on January 7, 1950, and grew up in Yila, Bong County, Liberia. He completed his high school education at the then Charlotte Tolbert Memorial Academy in 1973 in Monrovia. After six wasted long years, he enrolled at the University of Liberia in 1979 and graduated in 1983 from the William V. Tubman Teachers College.

After a few more years, he enrolled in the graduate program of the College and earned a master's degree in Educational Administration & Supervision.

Mr. Weh served as the Deputy Director-General for Administration, Civil Service Agency from 2006-2017. He also served as a Part-Time Instructor, at the University of Liberia from 1998 to 2016 and at the same time served as an Instructor at the Jake Memorial Baptist College from 1995 to 2019. Between 1987-1997 he served as the Principal of the Calvary Baptist Church School in Fiamah, Sinkor, Monrovia.

He began his teaching career at the Phebe Community School in Suakoko, Bong County in 1976, was later promoted to the office of the principal and served in that position from 1977-1979.

His passion for human development led him and his wife, Susannah, to establish the Yarcooper Junior and Senior High School at Rock Hill Community, Paynesville.

Mr. Weh is a member of the AWANA Board in Liberia; a member of the Liberian Association of Writers, (LAW); a member of the Calvary Baptist Church in Monrovia; and a member of the YILA KWADO ASSOCIATION, USA. He is a Christian. He and his wife, Susannah, have five children (Lanus, Silvanus, Nicholas, Dr. Weyena Weh Gbeisay, and Mrs. Oretha Walakerwon Clarke). To God be the glory!

www.ingramcontent.com/pod-product-compliance
Lightning Source LLC
Chambersburg PA